GRÉGOIRE SOLOTAREFF

Krokottilie

Aus dem Französischen von
Alexander Potyka

Originaltitel
»Odile«
Text und Illustration: Grégoire Solotareff
© 2021 l'école des loisirs, Paris

Copyright der deutschsprachigen Ausgabe
© 2022 Picus Verlag Ges.m.b.H.
Alle Rechte vorbehalten
Druck und Verarbeitung:
FINIDR, s.r.o., Český Těšín
ISBN 978-3-7117-4028-1

Informationen über das aktuelle Programm
des Picus Verlags und Veranstaltungen unter

www.picus.at

GRÉGOIRE SOLOTAREFF

KROKOTTILIE

PICUS VERLAG WIEN

Das ist die Geschichte eines Krokodils, das glaubte, ein Mädchen zu sein.

»Nein, Ottilie, du bist kein Mädchen«, sagen ihre Eltern, »du bist ein KROKOTTIL und das ist gut so.«
»Wenn, dann hieße das wohl: eine Krokottilie«, widerspricht sie, »und das bin ich NICHT – ich bin ein Mädchen. Ich habe schließlich zwei Beine, zwei Arme, zwei Augen, einen Mund und ich gehe in die Schule! Wie jedes andere Mädchen auch – oder etwa nicht?«

»Du gehst doch gar nicht in die Schule, Ottilie! Du spielst den ganzen Tag unten am Fluss, das ist doch nicht dasselbe!«
»Das ist eben meine Schule, am Fluss lerne ich alles! Hier wachse ich heran! Ich bin eben keine KROK-Ottilie, ich bin Ottilie! Ganz einfach Ottilie, ist das etwa kein Mädchenname?«

Die Eltern wechseln einfach das Thema und fragen Ottilie, ob sie nicht ihren Pudding möchte.
Aber Ottilie hat keinen Hunger und verzieht sich in ihr Zimmer, um nachzudenken.

Je mehr sie nachdenkt, umso überzeugter ist sie, dass sie ein Mädchen ist. Sie liebt dieselben Dinge wie alle Mädchen: Geschichten, Kuchen und mit anderen spielen.

Eines Morgens, als sie gerade ihr Bad im Fluss nimmt, läuft ein Junge, den sie noch nie gesehen hat, aus einem Haus heraus und springt ins Wasser.

Kurz zögert sie, dann schwimmt sie zu ihm hin.
»Hilfe, ein Krokodil!«, schreit der Junge.
»Helft mir, es wird mich auffressen!«

»Aber nein! Warte doch!«, ruft Ottilie. »Ich bin ein Mädchen! Ich tu dir nichts, ich möchte nur mit dir spielen!«
»Du wirst mich nicht auffressen?«, fragt der Junge unsicher.
»Natürlich nicht!«, antwortet Ottilie. »Kinder fressen einander nicht!«
»Du bist ein Kind?«
»Ein Mädchen!«, korrigiert Ottilie.
»Für ein Mädchen bist du aber sehr eigenartig!«, sagt der Junge.

»Du bist doch selber eigenartig«, meint Ottilie. »Du hast keine Schuppen auf dem Rücken und lauter Haare auf dem Kopf! Eigentlich hätte ich auch gern Haare wie du. Wie hast du das gemacht?«

»Ich kann dir morgen welche bringen, wenn du magst. Meine Mutter ist Friseurin. Wir haben jede Menge Perücken zu Hause.«

»Was ist eine Perücke?«, fragt Ottilie.

»Na, Haare, die man sich aufsetzen kann!«, antwortet der Junge.

»Oh ja, das will ich haben!« Ottilie ist begeistert.

Und dann spielen sie den ganzen Nachmittag miteinander.

In der Nacht träumt Ottilie,
dass sie ganz lange sonnengelbe Haare hat.

Am nächsten Tag bringt ihr der Junge wie versprochen
eine Perücke mit zwei Gummibändern.
»Die schenk ich dir«, sagt er.
»Oh danke!«, sagt Ottilie und setzt die Perücke auf.
»Wie sehe ich aus?«
»Sehr gut! Wie heißt du eigentlich?«
»Ottilie.«

»Ottilie, wie KROKOTTIL?«
»Na, eben nicht. Einfach Ottilie.«
»Ach so! Und ich heiße Tom.«
»Tom wie TOMATE?«
»Nein, einfach Tom.«
»Siehst du: Du bist Tom und ich bin Ottilie! Ganz einfach.«

Zu Hause erzählt Ottilie, was sie heute erlebt hat.
Als sie die Perücke sehen, sind die Eltern besorgt.
Irgendwann wird Ottilie ja doch erkennen müssen, dass sie kein Mädchen ist. Dann wird sie sehr enttäuscht sein.
Aber Ottilie ist während des ganzen Abendessens in bester Laune.

Von Tag zu Tag ist Ottilie mehr davon überzeugt, dass sie recht hat. Sie ist ein Kind, genau wie Tom, aber eben ein Mädchen. Er versteht sie. Sie hat sogar ein Ballettröckchen gefunden, in dem sie tanzen kann.

Aber eines Tages passiert etwas. Mitten im Spiel mit Tom schnappt sich Ottilie eine Möwe, die gerade ihr Mittagessen stehlen wollte. Es geht ganz schnell. In drei Sekunden ist die Möwe verschlungen. Tom ist entsetzt.
Als sie zum Schwimmen gehen, spricht keiner ein Wort.

Ottilie weiß natürlich, dass es ein Problem gibt:
»Was ist los?«, fragt sie.
»Du hast einen Vogel gefressen!«, schreit Tom.
»Das ist widerlich! Ich will nicht mehr mit dir spielen!
Ich hab ja gleich gewusst, dass du ein Krokottil bist
und kein Mädchen!«

»Isst du etwa keine Vögel?«, fragt Ottilie.
»Natürlich nicht! Das ist doch widerlich!«
»Ist ein Hähnchen denn kein Vogel?«
»Schon, aber ...«
»Na siehst du! Ich esse Möwen und du isst Hähnchen!
Ich verstehe nicht, was du hast!«

Am nächsten Morgen kommt Tom nicht zum Spielen mit Ottilie. Auch an den folgenden Tagen nicht. Jeden Tag, selbst bei Regen, macht Ottilie lange Spaziergänge und sitzt dann bis spät in die Nacht einfach still und allein.

Sie hofft, Tom zu sehen. Aber Tom kommt nicht mehr.
Also geht sie zurück nach Hause und setzt sich auf ihr Bett.
Sie grübelt und grübelt.

Eines Tages sitzt Tom endlich wieder auf einem Stein.
Als Ottilie ihn von Weitem sieht, überlegt sie:
Wird er jemals wieder mit mir spielen?
Sollte ich ihn einfach ansprechen?
Na ja, wenn er wieder da ist, dann doch sicher, um mich zu sehen.
Sie nimmt die Perücke ab.

Tom kommt tatsächlich zu ihr und fragt:
»Du hast deine Perücke runtergenommen?«
»Ja«, antwortet sie. »Ich wollte dir etwas sagen: Ich bin wirklich ein Krokodil. Krokodile haben keine Haare. So ist das eben.
Ich bin, wie ich bin: Ich fresse Möwen und ich habe keine Haare.
Dafür habe ich Schuppen auf dem Rücken und bin superschnell!«

Fröhlich hüpft sie erleichtert weg und hofft, dass Tom
versteht, dass sie unterschiedlich sind, und er sie einfach
nehmen muss, wie sie ist.
Tom läuft ihr nach und fragt:
»Und Fische? Kannst du Fische fangen?«
»Natürlich! Soll ich dir zeigen, wie das geht?«